Rainer Erices

Kuren in der DDR

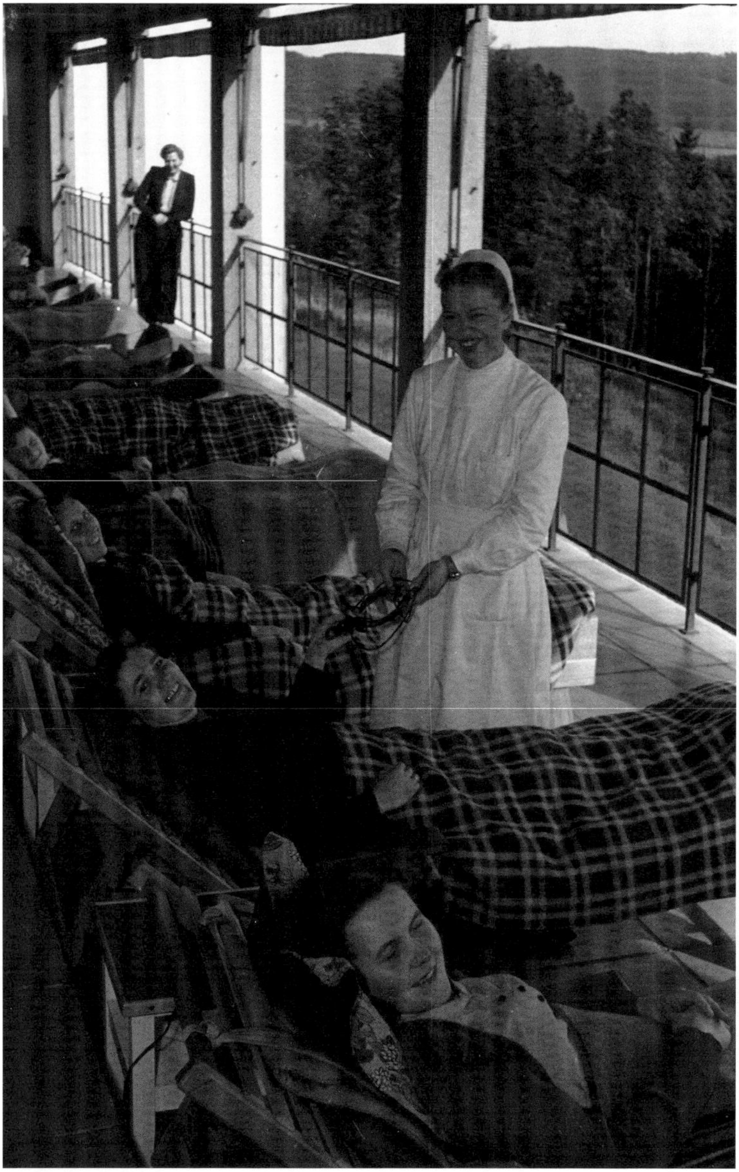

Bundesarchiv/Henning, Bild 183-33446-0008.

Tuberkoloseklinik in Bad Berka, 1955.

Inhaltsverzeichnis

Wikipedia/Stadtarchiv Bad Kissingen

Gusseiserne Brunnenhalle in Bad Kissingen; erbaut 1842 von Friedrich von Gärtner.

Geschichte des Kurwesens

Kurorte sind seit Jahrhunderten Orte der Regeneration und sozialen Begegnung. Ihre Ursprünge reichen bis in die Antike zurück, als Wasser zur Reinigung, Heilung und Kräftigung von Körper und Geist eingesetzt wurde – in Form von Bädern, Massagen und Diätetik (Ernährung). Besonders in römischen Thermen verbanden sich medizinische und soziale Funktionen. Diese Einrichtungen – in Rom existierten über 800 – verfügten über ausgeklügelte Heizsysteme und dienten nicht nur der Körperpflege, sondern auch dem gesellschaftlichen Austausch. Nach dem Zerfall des Römischen Reiches ging ein Großteil dieser Badekultur in Europa verloren, überdauerte jedoch im arabischen Raum. Im europäischen Mittelalter lebte gemeinschaftliches Baden in städtischen Badestuben wieder auf. Dort trafen sich Menschen unterschiedlicher Herkunft zur Reinigung, Erholung und Kommunikation. Wasser galt medizinisch nicht nur als heilend, sondern auch als risikobehaftet und krankheitsauslösend, da es die »Körpersäfte verderben« könne. Im 16. und 17. Jahrhundert setzte ein Wandel ein: Trinkkuren aus Mineralquellen kamen in Mode, neue Kurformen entwickelten sich – meist in exklusiven Anlagen für den Adel und das wohlhabende Bürgertum. Mit der Aufklärung im 18. Jahrhundert veränderte sich das medizinische Verständnis grundlegend. Der menschliche Körper wurde nun als dynamisch reagierendes System betrachtet, das auf Wasser, Luft und Klima positiv ansprechen kann. Orte wie das englische Bath oder das belgische Spa wurden zu europaweiten Vorbildern. Dort verband sich die medizinische Anwendung mit gesellschaftlichem Leben – ein Konzept, das viele Länder aufgriffen.

Das 19. Jahrhundert war die Blütezeit des Kurwesens. Technische Entwicklungen wie Eisenbahnbau und wachsender Wohlstand machten Kuraufenthalte einem breiteren Publikum zugänglich. Neben medizinischer Versorgung traten gesellschaftliche und kulturelle Erlebnisse in den Vordergrund. Prachtvolle Kurhäuser, großzügige Parks, Trinkhallen und Konzertpavillons prägten das Bild vieler Orte. Namen wie Baden-Baden, Bad Kissingen, Marienbad oder Karlsbad wurden europaweit bekannt. Parallel dazu setzte eine Demokratisierung des Kurwesens ein. Auch weniger wohlhabende Bevölkerungsschichten leisteten sich die Angebote. Aus der exklusiven »Sommerfrische« wurde ein allgemein zugängliches gesundheitsförderndes Angebot. Während der beiden Weltkriege dienten viele Kurorte als Lazarette und Rehabilitationsstätten. Die medizinische Nutzung des Kurwesens wurde systematisch ausgebaut; balneologische Verfahren wurden erforscht und standardisiert – eine wichtige Grundlage für das moderne Kurwesen nach 1945.

In der Nachkriegszeit ermöglichte der Ausbau der Sozialversicherung breiten Bevölkerungsschichten den Zugang zur Kur. Ältere, chronisch kranke oder rehabilitationsbedürftige Menschen bekamen eine Kur verschrieben.

Heute gibt es in Deutschland rund 400 anerkannte Kurorte, unterteilt in Heilbäder und Luftkurorte. Heilbäder nutzen natürliche Heilmittel wie Sole, Moor oder Thermalwasser zur Behandlung spezifischer Erkrankungen. Luftkurorte bieten vor allem vorbeugende Erholung im gesunden Klima, meist ohne medizinische Infrastruktur. Das heutige Kurwesen verbindet medizinische Versorgung, Prävention und Tourismus.

Der Aufbau des DDR-Kurwesens

Mit dem Ende des Zweiten Weltkriegs lag das Kur- und Bäderwesen in der Sowjetischen Besatzungszone weitgehend brach. Viele Einrichtungen waren beschädigt, zweckentfremdet oder dienten der Versorgung verwundeter Menschen. Die einst schicken Heilbäder der Vorkriegszeit mussten sich unter veränderten politischen und gesellschaftlichen Bedingungen neu orientieren. Mit der Gründung der Deutschen Demokratischen Republik 1949 wurde Gesundheit zur staatlichen Aufgabe erklärt, die Kur wurde in die sozialistische Gesundheitsfürsorge integriert. Sie diente als standardisierte, medizinisch begründete Maßnahme fortan der Wiederherstellung der Arbeitskraft, der Vorbeugung von Krankheiten und der Erholung der »werktätigen Bevölkerung«. Das Kurwesen war geprägt von einem kollektiven Gesundheitsverständnis und planwirtschaftlicher Organisation, es verband medizinische Fürsorge mit sozialer Kontrolle und politischer Erziehung. Kirchlich oder privat organisierte Kur- und Heilbäder wurden schrittweise verstaatlicht. Der Staat übernahm systematisch die Kontrolle über Einrichtungen, Finanzierung und Vergabepraxis. Bis zum Ende der DDR entstand ein flächendeckendes Netz von Sanatorien, Genesungs- und Kurheimen mit klarer funktionaler Ausrichtung. Mitte der 1950er-Jahre standen etwa 49 Sanatorien, 60 Genesungsheime für Erwachsene sowie spezialisierte Einrichtungen für Kinder zur Verfügung. Bekannte Kurorte wie Bad Elster, Bad Saarow oder Bad Berka wurden neu ausgebaut. Doch die Modernisierung blieb vielerorts hinter den Bedarfsplanungen zurück. Es bestanden gravierende Mängel – vor allem fehlende sanitäre Einrichtungen in den für die Kuren nötigen Privatquartieren.

Die Verantwortung für das Kurwesen lag beim Ministerium für Gesundheitswesen der DDR sowie beim Freien Deutschen Gewerkschaftsbund (FDGB), dessen Sozialversicherung die Kuren finanzierte. Bis zum Jahr 1989 stiegen die jährlichen Gesamtkosten innerhalb des Kurwesens auf über 360 Millionen DDR-Mark. Für die Patienten waren die Kuren kostenfrei. Sie brauchten für den Arbeitsausfall keinen Urlaub zu nehmen, ihnen wurde Krankengeld während der Kur gezahlt. Auch die Fahrtkosten für die Anfahrt mit Bahn oder Bus übernahm die Versicherung.

Alljährlich mussten die Einrichtungen ihre Kurpläne, also die verfügbare Bettenzahl, der zuständigen Abteilung für Kur- und Bäderwesen im Gesundheitsministerium mitteilen. Die letztlich für die Kurvergaben organisatorisch zuständigen Bezirke erhielten Kurkontingente. Bei bestimmten Sonderkurarten, etwa für Diabetiker, Tumorpatienten, für Querschnittsgelähmte oder Blinde, gab es Sonderregelungen zur Vergabe. Hier koordinierten sogenannte Leiteinrichtungen, also spezialisierte Kliniken oder Institute, die Vergabe.

Die von der Sozialversicherung finanzierten Kuren konnten weder vom Patienten direkt beantragt noch vom Arzt verordnet werden. In der Regel machten Arzt und Betriebsgewerkschaftsleitung des FDGB einen aus medizinischer und sozialer Sicht begründeten Kurvorschlag. Über diesen Vorschlag entschieden dann die Kurkommissionen des Betriebes oder des FDGB-Kreisvorstands anhand der vom Bezirk zugewiesenen Kontingente. Die Entscheidungen der Kommissionen waren endgültig, Beschwerden nicht vorgesehen. Zunehmend konnten Patienten mit bestimmten Diagnosen auch über spezialisierte Kliniken oder Institute direkt zur Kur vermittelt werden. Dies betraf etwa Patienten zur Frührehabilitation nach einem Herzinfarkt.

Anfangs konnten Patienten das zentral gesteuerte Kurvergabesystem umgehen, indem sie selbst die Kosten für eine Kur trugen. Derartige Selbstzahlerkuren wurden 1974 größtenteils abgeschafft. Begründet wurde dies mit der allgemeinen

Sozialversicherungspflicht – eine gesundheitliche »Bevorzugung« durch Eigenzahlung galt als systemwidrig. Nur konfessionelle oder einige berufsständische Einrichtungen konnten noch Selbstzahler aufnehmen.

Für die Vergabe von Kuren gab es grundsätzliche Vorgaben. Bevorzugt wurden körperlich stark belastete »Werktätige«, wie berufstätige Menschen im DDR-Sprachgebrauch hießen, und werktätige Frauen mit mehreren Kindern. Rentner, Selbstständige oder auch Menschen mit Behinderungen wurden kaum berücksichtigt. Die Verteilung der Berufsgruppen stand über die Jahre immer wieder auf dem Prüfstand. Letztlich sollten Kuren vor allem Arbeitern zugutekommen.

Darüber hinaus existierten für bestimmte Bereiche eigene Kontingente für eine Kur. So verfügten SED, verschiedene Ministerien wie etwa das MfS oder die NVA sowie die Verfolgten des Naziregimes (VdN) über eigene Einrichtungen und damit eigene Zugangsverfahren.

Das DDR-Kurwesen war medizinisch geprägt und unterschied zwischen drei Grundformen:

Heilkuren dienten der Behandlung chronischer oder belastungsbedingter Erkrankungen, meist in Sanatorien klassischer Prägung. Genesungskuren unterstützten die körperliche Stabilisierung nach akuten Krankheiten oder Operationen. Prophylaktische Kuren sollten der langfristigen Gesunderhaltung und Vorbeugung von Leistungsminderung dienen. Sie wurden insbesondere in den FDGB- oder Betriebserholungsheimen durchgeführt, in der Regel außerhalb der Haupturlaubssaison.

Besonders ab der Nationalen Gesundheitskonferenz von 1960 in Weimar rückte die Prävention von Krankheiten stärker in den Fokus der gesundheitsstrategischen Orientierung der DDR. Vorbeugende Kuren, Forschung und Therapieplanung sollten besser verzahnt werden. Die rechtliche Grundlage bildete zunächst die »Reichsverordnung über Kurorte« von 1937. Mit der Kurortverordnung von 1967 wurde ein eigenständiges Regelwerk für die DDR geschaffen. Es definierte Kriterien für die Anerkennung von Kur- und Erholungsorten, reglementierte die Nutzung natürlicher Heilmittel und legte Anforderungen an die Infrastruktur fest. Die praktische Umsetzung blieb allerdings vielerorts hinter diesen normativen Ansprüchen zurück.

Beispiel: Das Volksheilbad Berka in den frühen 1950er-Jahren

Ein Beispiel für die Ausgestaltung des Kurwesens in der frühen DDR bietet das Volksheilbad Berka in Thüringen. Die dort vorhandenen natürlichen Heilmittel – insbesondere Moorvorkommen und die Mineralquelle »Goethebrunnen« – bildeten die Grundlage für den Kurbetrieb. Das Moor zeichnete sich durch eine gute Wärmehaltung aus und enthielt nach einem Gutachten der Moorforschungsabteilung des Staatsbades Bad Elster von 1950 unter anderem Eisen- und Aluminiumoxide sowie Kieselsäure. Die natürlichen Vorräte wurden auf eine mögliche Nutzungsdauer von 80 bis 100 Jahren geschätzt. Die ebenfalls genutzte Mineralquelle wurde sowohl für Trink- als auch für Badekuren genutzt – insbesondere bei Magen-Darm-Erkrankungen sowie Leber- und Gallenleiden. Die Kureinrichtungen umfassten ein Kurmittelhaus und eine Trinkhalle. Dort standen sechs Badekabinen für Moorbäder, sechs Kabinen zum Nachschwitzen, zwölf Ruhebetten sowie Räume für Moorpackungen, Massage, Heilgymnastik, Kurzwellen-, Rot- und Blaulichtanwendungen und eine Höhensonne zur Verfügung. Ein Bericht aus dieser Zeit kritisiert die »Kleinheit« der vorhandenen Anlagen. Lediglich 270 Patienten könnten monatlich mit den natürlichen Heilmitteln behandelt werden. Überhaupt fließe »ein erheblicher Teil des Wassers...nutzlos in die Ilm«. Die zweite, chemisch vergleichbare Quelle, die »Parkquelle« war zu dieser Zeit zwar untersucht, aber nicht erschlossen.

Die Kurpatienten wohnten überwiegend in privaten Quartieren. Drei Vertragsheime mit insgesamt 76 Betten ergänzten das Angebot. Versorgt wurden die Patienten über drei Vertragsgaststätten. Die allgemeine Wohnraumsituation führte dazu, dass die Unterbringung von Kurgästen »in überwiegendem Maße« persönliche Einschränkungen für die Vermieter mit sich brachte. Die Privatquartiere waren einfach und hinsichtlich »Bequemlichkeit und Heizung außerordentlich ungünstig«. »Bedingt durch die im Ort bestehende Bauweise« waren die Toiletten meist auf dem Hof.

Für die kulturelle Betreuung der Gäste diente ein Klubraum mit 76 Plätzen im ehemaligen Haus des Sportes. Ein Lichtspieltheater mit 360 Plätzen konnte für Kurveranstaltungen an zwei Tagen pro Woche genutzt werden. An den übrigen Tagen lief der reguläre Kinobetrieb. Probleme bei der Beheizung schränkten die Nutzung im Winter deutlich ein. Für kleinere Konzerte dienten der Klubraum oder Gemeinschaftsspeiseräume – ein für Kurorte traditionell üblicher Musikpavillon im Kurpark war nicht vorhanden.

Die Zahl der Kurgäste nahm im Vergleich zur Vorkriegszeit deutlich zu: Kamen vor der Gründung der DDR jährlich etwa 1.000 Gäste, waren es Anfang der 1950er-Jahre über 5.000. Zu den häufig vertretenen Patienten gehörten Beschäftigte der Leuna-Werke »Walter Ulbricht«. Die Nachfrage nach Mooranwendungen war groß und überstieg die vorhandenen Kapazitäten. Mitte der 1950er-Jahre wurde der Ausbau des Standorts zentral vom DDR-Gesundheitsministerium festgelegt. Ein Sanatorium und ein Kulturhaus sollten neu gebaut werden, jeweils mit einem Investitionsvolumen von 2,5 Millionen Mark.

Kuren ab den 1960er-Jahren

In den 1960er-Jahren erlebte das Kur- und Bäderwesen der DDR eine Phase intensiver organisatorischer und inhaltlicher Weiterentwicklung. Das Gesundheitsministerium erließ mehrere rechtliche Bestimmungen, die vor allem die allgemein-hygienischen Anforderungen an die Kurorte festlegen und die natürlich vorkommenden Heilmitteln schützen sollten. Der zentral geplante Ausbau des Kurwesens führte jedoch angesichts permanenter Versorgungsmängel innerhalb der Planwirtschaft zu Problemen. Besonders fehlendes Personal, infrastrukturelle Mängel oder bauliche Verzögerungen prägten den Alltag und schränkten die Erfüllung der hohen Kurziele ein, wie etliche Beispiele aus den Bezirken in den 1960er-Jahren zeigen. Im Rheuma-Sanatorium Bad Wilsnack im Bezirk Schwerin musste der Kurbetrieb wegen Einsturzgefahr des Schornsteins eingestellt werden. In Bad Schmiedeberg in der Dübener Heide, im Blindenkurheim Georgenthal oder im FDGB-Heim Thal fielen die Heizungen aus, weitere Kur- und Genesungshäuser in Thüringen berichteten über fehlende Toiletten und Waschräume, was zu Kurausfällen führte. Auch für Kinderkureinrichtungen wurden immer wieder hygienische Mängel beschrieben. Infektionen unter den Kindern wie in Damshöhe im Bezirk Potsdam oder in Gottleuba bei Dresden führten regional teilweise zu erheblichen Kurausfällen. Positiv wirkten sich die Erfolge des Gesundheitswesens im Kampf gegen Tuberkulose aus. In den 1960er-Jahren wurden entsprechende Tbc-Heilstätten, die nun kaum noch gebraucht wurden, zu Kureinrichtungen umstrukturiert.

Ein zentraler politischer Impuls war der gemeinsame Beschluss des Ministerrates, des Politbüros und des FDGB-Bundesvorstands vom 25. September 1973. Dieser forderte unter anderem eine verbesserte »soziale Steuerung« von Kuren. Ziel war es, den Anteil der Arbeiter unter den Kurgästen zu erhöhen und insbesondere Schichtarbeiter sowie arbeitende Mütter mit Kindern stärker zu berücksichtigen. Zu dieser Zeit wurden in der DDR jährlich rund 325.000 Kuren durchgeführt, 175.000 davon waren Heilkuren, etwa 80.000 prophylaktische Kuren. Bis zum Jahr 1990 sollte die Gesamtzahl auf 435.000 Kuren pro Jahr anwachsen – was etwa bedeutete, dass alljährlich 2,5 Prozent der Menschen eine Kur ermöglicht werden sollte. Dabei sollte vor allem das Angebot an prophylaktischen Kuren zunehmen, die sogenannten Genesungskuren sollten wegfallen. Tatsächlich stieg zu dieser Zeit der Anteil der Arbeiter unter den Kurgästen von rund 49 Prozent im Jahr 1971 deutlich auf 61 Prozent im Jahr 1973. Angepeilt war eine weitere Erhöhung: Drei Viertel aller Kurgäste sollten künftig Arbeiter sein.

Bundesarchiv/Müller, Bild 183-1987-0716-302.

1987 schrieb ADN, die Nachrichtenagentur der DDR zu diesem Bild: »Im Herzinfarkt-Rehabilitationszentrum Angermünde, Bezirk Frankfurt/Oder, gehört auch Rudern zur Therapie einer sechswöchigen Kur. Patienten, bei denen bereits ein entsprechender Leistungszuwachs festgestellt wurde, können dabei mitmachen. Den Kutter, der jeweils von zehn Männern unter Aufsicht eines Sportpädagogen des Zentrums auf dem Wolletzsee gerudert wird, stellt die GST zur Verfügung.«

Die beständigen staatlichen Forderungen nach einem Ausbau der Kurangebote waren allerdings von strukturellen Defiziten überschattet. Zahlreiche Einrichtungen litten weiter unter baulichen Mängeln – veraltete Heizungsanlagen, marode Elektroinstallationen und unzureichende Sanitärbereiche führten beständig zu Schließungen von Einrichtungen. Zwischen 1960 und 1974 ging rund ein Fünftel der Kapazität an privaten Betten verloren. Neubauprojekte kamen nur schleppend voran. Insbesondere die für das Kurwesen wichtigen Bezirke Dresden und Karl-Marx-Stadt wurden wiederholt wegen ihrer schlechten Zustände kritisiert, wohingegen der Bezirk Erfurt als positives Beispiel galt.

Zunehmend Sorge bereitete der Mangel an Ärzten und Physiotherapeuten. Mitte der 1970er-Jahre betrug der Bedarf laut Planung 450 Kurärzte, es gab jedoch nur rund 310. Bei prophylaktischen Kuren gab es teilweise keine ärztliche Betreuung. Um das Plan-Soll zu erzielen sollten die Einrichtungen eine 6-Tage-Woche einführen, so dass von Montag bis Sonnabend medizinische Angebote möglich wurden. Außerdem sollten für die Anwendungen auch die späten Nachmittage genutzt werden. Um die Speisenversorgung in den Kureinrichtungen zu verbessern und damit auch die Bandbreite von Diätkost abzusichern, wurden Wettbewerbe zwischen Küchenteams durchgeführt, was staatlichen Unterlagen zufolge durchaus fruchtete. Auch die Einführung von Wahlessen zur Mittagszeit ab 1973 wurde zentral als Erfolg gewertet.

Als strategisches Ziel wurde außerdem eine künftige Konzentration auf ausgewählte große Kurstandorte festgelegt. Im Mittelpunkt dabei standen die Staatsbäder Bad Elster und Bad Brambach sowie die Thüringer Kurorte Bad Salzungen, Bad Berka und Bad Lobenstein. Hier sollten weitere Bettenhäuser entstehen, die bislang als unentwickelt eingeschätzte aktive Therapie – Bewegung, Sport, Schwimmen – sollte deutlich ausgebaut werden.

Die Staatsbäder Bad Elster und Bad Brambach – Zentren des DDR-Kurwesens

In der DDR nahmen die Staatsbäder Bad Elster und Bad Brambach eine herausragende Stellung innerhalb des Kur- und Bäderwesens ein. Als sogenannte Leitkureinrichtungen, die direkt dem Gesundheitsministerium unterstellt waren, dienten sie nicht nur der medizinischen Versorgung tausender Patienten, sondern auch als Schaufenster sozialistischer Gesundheitsfürsorge und als Orte wissenschaftlicher Forschung auf dem Gebiet der Balneologie. Anfang der 1970er-Jahre fanden hier rund zehn Prozent aller Kuren der DDR statt. Die medizinischen Anwendungen umfassten ein breites Spektrum – darunter Sprudel- und Mineralbäder, Moorbehandlungen sowie Radonanwendungen. Ein besonderer Fokus lag auf der Behandlung von Herz-Kreislauf-Erkrankungen, der Rehabilitation nach Herzinfarkten, sowie der Betreuung rheumakranker Diabetiker und urologischer Patienten. Zunehmend kamen Gäste aus dem Ausland hierher zur Kur.

Die Qualität der medizinischen Versorgung war verglichen mit anderen DDR-Standorten hoch – zum Beispiel seien die Echokardiografie und die Sonografie genannt. Zugute kam, dass in den Staatsbädern klinische Forschung betrieben wurde, entsprechende Ressourcen dafür mussten bereitgestellt werden. Die medizinische Betreuung wurde durch Hydro- und Elektrotherapie ergänzt. Trotzdem blieben grundlegende Probleme bis zum Ende der DDR ungelöst. Ein wesentliches Problem beider Standorte war der Mangel an geeigneten Unterkünften.

Der Personalmangel war chronisch, sowohl unter Ärzten als auch in der Pflege, den Küchen oder in technischen Bereichen. In der Versorgung kam es zunehmend zu Lieferengpässen – für

Baumaterialien, medizinischem Verbrauchsmaterial oder Lebensmitteln. Für ein tägliches Angebot an gesunden Speisen in der Kurversorgung vor allem innerhalb der Diäternährung schlossen die Staatsbäder »interne Kooperationen« mit Betrieben DDR-weit – so konnten die Kurküchen auch Frischfisch anbieten.

Der Ausbau der Infrastruktur beider Staatsbäder war zentral für das Kurwesen der DDR. In Bad Elster wurden Quellen neu gefasst, Kurmittelhäuser und Versorgungseinrichtungen errichtet, Parkanlagen gepflegt. Die beiden Orte waren komplett für die Kurbetreuung vorgesehen, eine touristische Nutzung sollte ausgeschlossen sein. Der Verkehr wurde beruhigt, es galten in der Nähe der Kuranlagen Tempolimits und Fahrverbote. In Bad Brambach wurden Planungen angestellt, um ausgemachte Lärmquellen wie beispielsweise der Getränkebetrieb VEB Brambacher Sprudel, die Eisenbahn oder die Jugendherberge zu verlegen. Ungelöst blieb über Jahre die deutliche Verschmutzung der Weißen Elster. Färbereien in der benachbarten ČSSR leiteten ihre Abwässer in den Fluss.

IMAGO / Wolfgang Schmidt, 0384138376.

Bad Elster, 1973.

Das Forschungsinstitut für Balneologie und Kurortwissenschaft (FBK)

Zentrale Schaltstelle des wissenschaftlich fundierten Kurwesens war das 1957 in Bad Elster gebildete Institut für Kur- und Bäderwesen sowie für physikalische Therapie, das 1968 in Forschungsinstitut für Balneologie und Kurortwissenschaft (FBK) umbenannt wurde. Das Institut diente als staatliches Leitinstitut für kurmedizinische Forschung, für Kur- und Kurortplanung und für die Qualitätskontrolle von Einrichtungen. Außerdem beteiligte es sich an der Ausbildung des medizinischen Personals. Ab 1967 wurde in der DDR der Facharzt für Physiotherapie eingeführt.

Während in Bad Elster vorrangig Herz-Kreislauf-Erkrankungen und Erkrankungen des Bewegungsapparates erforscht wurden, konzentrierte sich die Institutsaußenstelle Heiligendamm auf Haut- und Atemwegserkrankungen. Eine weitere Außenstelle in Berlin war vor allem für die Organisation der Auslandskuren zuständig. Im Jahr 1975 wurde dem FBK außerdem das Institut für Rheumatologie angegliedert. Dem Institut angeschlossen war die Forschungsklinik »Albert Funk«, in der Kurbehandlungen erprobt wurden, um einen einheitlichen Standard für die Kurbäder der DDR zu erarbeiten. Die Klinik stand also für die Versorgung der Gäste innerhalb der DDR-Kurplanung zur Verfügung. Das Institut bot außerdem Fachsprechstunden für Rheumatologie, Sportmedizin und Radiologie an. Das FBK war auch für die staatliche Anerkennung natürlicher Heilmittel zuständig. Es begutachtete Quellen und Moorvorkommen im Hinblick auf ihre balneologische Eignung. Eine bedeutende Rolle spielten dabei wissenschaftliche Untersuchungen zur chemischen Zusammensetzung, mikrobiologischen

Unbedenklichkeit und therapeutischen Wirkung der natürlichen Heilmittel. So wurden bis zum Ende der DDR regelmäßig neue Quellen und Moorvorkommen erschlossen. Für eine therapeutische Nutzung durchliefen sie ein Anerkennungsverfahren. Dabei wurde auch festgestellt, wie lange die natürliche Ressource zur Verfügung stand. Eine umfassende Untersuchung zur Nutzung von Moor beispielsweise zeigte, dass in 13 Kureinrichtungen Moorbäder oder -packungen angewendet wurden. Besonders hohe Bäderzahlen verzeichneten Bad Elster (60.000) und Bad Schmiedeberg (36.800), mit einem entsprechenden Torfverbrauch von Tausenden Kubikmetern jährlich.

Bundesarchiv/Werner Mack, B 285 Plak-028-021

Propagandaplakat, 1954.

Auslandskuren für Erwachsene

Neben dem breiten Angebot an Inlandskuren spielten die begehrten Auslandskuren in der DDR eine besondere Rolle. Grundlage bildeten staatliche Vereinbarungen mit befreundeten Ländern.

Für die Einweisung in sozialistische Auslandskurorte galten medizinisch definierte Indikationen. Erwachsene wurden bei Herz-Kreislauf-Erkrankungen beispielsweise nach Kudowa, Polanica (Polen) oder Balatonfüred (Ungarn) geschickt. Bei Magen-Darm-Leiden kamen Karlsbad und Marienbad (ČSSR) in Betracht, bei rheumatischen Beschwerden Piešťany (ČSSR) oder Hévíz (Ungarn). Begehrt waren auch Kuren in Kamtschia (Bulgarien) oder Sotschi (UdSSR).

Auch für die Vergabe von Auslandskuren galten staatliche Richtlinien. Ab 1964 wurde die Zentrale Kurkommission für Auslandskuren tätig. Vertreter der Deutschen Versicherungsanstalt (DVA), des FDGB-Bezirksvorstandes und des Gesundheitsministeriums prüften hier die Kuranträge, um geeignete Patienten auszuwählen. Das Antragsverfahren war aufwändig und durchlief mehrere Entscheidungsrunden auf Kreis- und Bezirksebene bis hin zur Zentralen Kurkommission. Vergabekriterien waren neben medizinischer Indikation auch der berufliche Hintergrund und die gesellschaftlichen Verdienste des Patienten. Auch hier galt die Maxime, dass besonders Arbeiter und LPG-Bauern gezielt zu fördern seien.

Für die Patienten waren Auslandskuren kostenfrei. Während eine Heilkur für Erwachsene im Inland durchschnittlich 1.280 Mark kostete, lag der Preis für eine Auslandskur bei 2.259 Mark. Auch wenn die Kuren im Ausland für viele Menschen einen besonderen Reiz hatten, so lassen sich durchaus etliche negative Erfahrungsberichte nachweisen. Die medizinische Betreuung lag in der Verantwortung des jeweiligen Gastgeberlandes. So gab es immer wieder Kritik wegen vergleichsweise unzureichender medizinischer Versorgung, hygienischer Defizite oder ungeeigneter Unterkünfte. Moniert wurden insbesondere lasche Kontrollen des Kurregimes im Ausland – so konnten Kurgäste ungehindert rauchen oder Alkohol im Übermaß trinken.

Daneben konnten selbstzahlende Patienten aus der DDR Kurleistungen über das Deutsche Reisebüro buchen. Privatkuren im Ausland, etwa in Ungarn, waren möglich, mussten jedoch teilweise in DM oder Dollar bezahlt werden.

Bundesarchiv/Eva Brüggmann, Bild 183-1984-0529-406.

Karlovy Vary (Karlsbad), 1984.

Disziplinierung und Erziehung

In der DDR war eine Kur nicht nur Mittel zur gesundheitlichen Regeneration. Sie lässt sich im Sinne der sozialistischen Gesellschaftspolitik auch als Instrument zur sozialen Integration und zur ideologischen Erziehung verstehen. Medizinische Versorgung, politische Schulung und kollektive Lebensführung griffen eng ineinander. Der Tagesablauf in den Einrichtungen war streng geregelt: medizinische Behandlungen, Bewegungstherapie, Vorträge zur gesunden Lebensweise und kulturelle Angebote bestimmten das Programm. Politische Schulungen waren ebenso Teil des Kuralltags wie Bibliotheksbesuche, Leserunden mit sozialistischer Literatur, Teenachmittage am

IMAGO / Wolfgang Schmidt, 0384138627.

Musikpavillion am Bedeplatz, Bad Elster, 1973.

Samowar, Theater- und Konzertabende oder auch beliebte Liederabende wie »Chansons im Negligé«. Die Teilnahme zu offiziellen Feiern, etwa zum Tag der Republik, war verpflichtend und wurde organisatorisch eingeplant. Generell war eine »aktive Mitwirkung« am Kurgeschehen vorgesehen – inklusive disziplinierter Einordnung in das »Kurregime«. Eine Informationsbroschüre formulierte unmissverständlich: Wer sich dem nicht fügen wolle, »sollte besser zu Hause bleiben«. Der Konsum von Alkohol und Tabak war ebenso unerwünscht wie Tanzen oder Abweichungen vom vorgegebenen Ablauf. Individuelle Freizeit- oder heute übliche Wellnessangebote gab es kaum. Das Verlassen des Kurorts war nur mit Genehmigung möglich. Hausordnungen untersagten Besuche auf den Zimmern, Verspätungen oder Regelverstöße wurden öffentlich gerügt – teils mit namentlicher Nennung.

Bundesarchiv/Helmut Schaar, Bild 183-N1011-409.

ADN-ZB/Schaar 1974 schrieb ADN zu diesem Bild: »In Bad Salzungen werden jährlich rund 8 000 Patienten, darunter 800 Kinder, behandelt. Die Kuren dienen der Heilung und Linderung von Erkrankungen der Atemwege.«

Kinderkuren

Kinderkuren waren ein wesentlicher Bestandteil des sozialistischen Kurwesens. Rund 17 % aller Kuren entfielen gegen Ende der DDR auf Kinder und Jugendliche. In eigens eingerichteten Kinderkurheimen wurden gesundheitlich belastete Kinder nicht nur medizinisch betreut, sondern auch im Sinne der sozialistischen Erziehung geprägt. Zwischen 1951 und 1989 nahmen rund 2,6 Millionen Kinder an Kuren teil.

Ähnlich den Kuren für Erwachsene verfolgten Kinderkuren zwei zentrale Zielrichtungen: medizinisch-therapeutische Heilkuren sowie prophylaktische Kuren zur Stabilisierung der Gesundheit und Vorbeugung chronischer Erkrankungen. Beispielsweise im Jahr 1978 wurden rund 63.000 Kinder zur Kur geschickt, davon etwa 18.000 zu Heilkuren in Sanatorien und rund 45.000 zu prophylaktischen Kuren in Kinderkurheimen. Zusätzlich erhielten etwa 2.000 Kinder eine Heilbehandlung im Ausland. Damit lag die Versorgungsquote bei knapp zwei Prozent aller Kinder. Zur Verfügung standen etwa 6.500 Kurbetten in 88 Einrichtungen, darunter 24 spezialisierte Kindersanatorien für bestimmte Krankheiten.

Die am häufigsten behandelten Krankheitsbilder waren Erkrankungen der Atemwege, allergische Reaktionen, Hauterkrankungen, Probleme des Bewegungsapparates, Kreislaufbeschwerden sowie sogenannte psychovegetative Störungen. Harnwegserkrankungen, Enuresis, Verhaltensstörungen. Ein wichtiges Entwicklungsziel war, den Zugang auch für Kinder mit Behinderungen zu verbessern. Dabei wurden etwa blinde, gehörlose oder motorisch eingeschränkte Kinder verstärkt berücksichtigt. Für Kinder mit besonderem Betreuungsbedarf wurden neue Strukturen geschaffen. Trotzdem war den

Verantwortlichen klar, dass der Bedarf an Kuren besonders für körperbehinderte Kinder nicht gedeckt werden konnte.

In Sanatorien befanden sich die Kinder durchschnittlich zu sechst in einem Raum. Nur rund ein Viertel der Schlafräume bot Platz für maximal vier Kinder. In Kurheimen war die Situation beengter: Ein Drittel aller Betten in der DDR befand sich in Zimmern mit neun oder mehr Schlafplätzen. Teilweise wohnten die Kinder in Schlafsälen mit über 20 Betten.

Der Alltag in den Kinderkurheimen war stark reglementiert und durch Gruppendisziplin, standardisierte Abläufe und pädagogische Kontrolle geprägt. Die Kinder lebten in Gruppen, nahmen an Fahnenappellen teil, wurden zu Hygiene, »politischer Wachsamkeit« und in sozialistischem Verhalten geschult. Der Postverkehr wurde teils kontrolliert, Freunde und selbst Geschwister wurden bei der Ankunft in vielen Einrichtungen getrennt. Lob und Strafe wurden häufig öffentlich in der Gruppe verhandelt. Zeitzeugen berichten von Fällen körperlicher Gewalt, Machtmissbrauch und grundsätzlicher emotionaler Kälte. Strafen konnten nächtliches Stehen auf dem Flur oder Geldbußen beinhalten.

Das DDR-Gesundheitswesen bot darüber hinaus Kinderkuren im Ausland an. Patienten mit beispielsweise Atemwegserkrankungen, Stoffwechselstörungen oder spinaler Kinderlähmung wurden in Strbske Pleso, Marien- oder Johannisbad (ČSSR) behandelt. Bei chronischen Hautkrankheiten oder Asthma konnten Kinder nach Hissar in Bulgarien, Veli Lošinj im damaligen Jugoslawien oder zur Klimakur nach Kyperounda auf Zypern fahren. Derartige Auslandskuren wurden detailliert durchgeplant – Anreisen, Kleidung, Schulmaterial, Taschengeld und Kommunikation waren verbindlich festgelegt. Wer als medizinischer oder pädagogischer Betreuer die Kinder ins Ausland begleitete, wurde vom DDR-Gesundheitsministerium und dem Ministerium für Volksbildung bestimmt. Tagesabläufe, Freizeitaktivitäten und pädagogische Konzepte waren teilweise ideologisch ausgerichtet und trugen zur politischen Sozialisation bei.

Die Organisation einer Kinderkur auf Zypern lässt sich exemplarisch anhand folgender Abläufe nachvollziehen: Auf dem Flughafen Berlin-Schönfeld übernahmen die Betreuer die Kinder. Um Flugtickets und Visa brauchten sich die Familien nicht zu kümmern, sie wurden zentral organisiert. Von Larnaka fuhren die Kurpatienten rund 70 Kilometer in das Kindersanatorium Kyperounda in 1.550 Meter Höhe, einem Ort mit mildem Klima und wenig Regen. Ein Kinderarzt und Pädagogen bzw. Erzieher aus der DDR begleiteten die Gruppe. Die Kinder bekamen ein kleines Taschengeld in zyprischen Pfund im Gegenwert von 11 DDR-Mark, das von den Erziehern verwaltet wurde. Die Kinder mussten ihre Medikamente, die sie während der Kur benötigten, selbst mitbringen. Eltern hatten ein Gepäckverzeichnis beizulegen. Die Einrichtung vor Ort – Betten, Küchenausstattung, Werkzeuge, Spiele oder Schallplatten – kam aus der DDR. Während ihrer Kur bekamen die Kinder Schulunterricht in Deutsch, Mathematik und Russisch. Eingeplant war auch ein Freundschaftstreffen vor Ort, daher sollten alle Kinder ein kleines Gastgeschenk mitbringen. Geregelt war zudem die Kommunikation: Eltern sollten ihren Kindern bereits vor der Abreise schreiben, schließlich sollten die Kinder jede Woche Post bekommen und die Beförderung nach Zypern dauerte in der Regel 14 Tage. Frankiert wurden die Briefe wie für das Inland – die Eltern schickten ihre Briefe an das DDR-Außenministerium, das die Post sammelte und gebündelt verschickte. Päckchen wurden nicht angenommen. In einem Aufklärungsschreiben wurden die Eltern vorab darauf hingewiesen, dass nicht sofort nach einer ersten Heilkur ein Heilungseffekt auftreten müsse. Dafür gebe es die Möglichkeit einer Kurwiederholung. Manchmal gebe es Maßnahmen, die die Kinder nicht verstünden – sie müssten aber »unbedingt« den Anweisungen der Betreuer folgen.

Kuren für behinderte Kinder in der DDR

Die Kurpolitik der DDR war im Kern auf die Regeneration der arbeitsfähigen Bevölkerung ausgerichtet. Wer dauerhaft erwerbsunfähig war, sei es durch Alter, Krankheit oder

Behinderung, stand lange Zeit nicht im Fokus staatlicher Erholungsmaßnahmen. Besonders Familien mit behinderten Kindern erfuhren kaum strukturelle Unterstützung. In der unmittelbaren Nachkriegszeit hatten vor allem kirchliche Organisationen eine wichtige Rolle in der Versorgung gespielt. Sie boten Müttern von behinderten oder pflegebedürftigen Angehörigen Kuren an, die neben der gesundheitlichen Regeneration auch missionarische Ziele verfolgten. Ab den 1960er-Jahren wurden vereinzelt behinderte Kinder in staatliche Ferienangebote integriert. Erstmals 1967 forderte das Gesundheitsministerium die Einrichtung spezieller Ferienlager für behinderte Schüler. Es folgte ein zögerlicher Ausbau entsprechender Angebote. Mit der Verordnung von 1976, in der rehabilitative Maßnahmen ausdrücklich zur staatlichen Aufgabe erklärt wurden, rückte die Versorgung behinderter Menschen stärker ins gesellschaftliche Bewusstsein. Fortan sollten auch ihnen Zugang zu Bildung, Arbeit, medizinischer Betreuung und Erholung gewährt werden. Ein bedeutender Impuls ging vom Internationalen Jahr der Behinderten 1981 aus, das in der DDR als »Jahr der Geschädigten« begangen wurde. Die SED wollte sich als fürsorglicher Staat präsentieren – dies vor allem im deutsch-deutschen Systemvergleich. Noch Anfang der 1980er-Jahre war es eher ungewöhnlich, dass Familien mit behinderten Kindern an staatlichen Angeboten teilnahmen. Die eigentliche Betreuung während einer Kur oblag weiter den mitreisenden Angehörigen. Hinzu kamen Einschränkungen bei der Auswahl der Kinder: Nur »gut anpassungsfähige« und »selbständige« Kinder zwischen sechs und 18 Jahren wurden aufgenommen. Kinder mit komplexeren Behinderungen waren weitgehend ausgeschlossen. Barrierefreie Einrichtungen blieben Mangelware, qualifiziertes Betreuungspersonal fehlte.

Das Kurwesen der Wismut – Gesundheitsfürsorge im Uranbergbau

Ein Sonderfall innerhalb des DDR-Kurwesens war das Gesundheits- und Kurwesen der Wismut. Die sowjetische Aktiengesellschaft förderte in der DDR Uran für den sowjetischen militärischen und zivilen Gebrauch. Wegen der besonderen arbeitsmedizinischen Belastungen im Uranbergbau verfügte die Wismut über ein eigenständiges System zur gesundheitlichen

Bundesarchiv/Rudolph, Bild 183-S97869.

ADN schrieb zu diesem Bild: »1950 wurde mit der Eröffnung des Badesaison im Ostseebad Binz auf Rügen auch ein Kurhaus und Sanatorium der Wismut-AG eröffnet, das den Bergarbeitern von Aue-Vogtl. zum Kuraufenthalt zur Verfügung steht. Dem Kurhaus ist auch ein herrliches Kindersanatorium angeschlossen.«

Betreuung ihrer Mitarbeiter. Mitte der 70er-Jahre beispielsweise nahmen etwa neun von hundert Beschäftigten eine Kur in Anspruch – ein im DDR-Vergleich hoher Wert. Auch bei der Wismut wurden Heil- und prophylaktische Kuren unterschieden. Heilkuren waren für schwerere Krankheitsbilder sowie für genesende Patienten vorgesehen. Die Indikationsstellung erfolgte durch die Kureinrichtungen selbst und berücksichtigte neben objektiven Befunden auch subjektive Belastungen. Berufsgruppen innerhalb der Wismut mit hoher körperlicher Belastung – wie Mehrschichtarbeiter oder Untertagebeschäftigte – erhielten deutlich häufiger prophylaktische Kuren als Angestellte mit Tätigkeiten über Tage. Im Durchschnitt profitierten vor allem Männer im Alter zwischen 51 und 60 Jahren von einer Kur. Die häufigsten Indikationen waren Erkrankungen des Stütz- und Bewegungsapparats, Atemwegserkrankungen sowie Kreislauf- und Nervensystemleiden. Die Kuren wurden in Einrichtungen der Wismut durchgeführt – beispielsweise in Bad Elster, in Warmbad im Erzgebirge, in Bad Sulza in Thüringen sowie in Zinnowitz oder Binz an der Ostsee. Parallel zur kurmedizinischen Versorgung liefen mehrere Forschungsprojekte in den Sanatorien der Wismut.

Ausländische Kurgäste in der DDR

Ab den 1960er-Jahren kamen Gruppen aus dem westlichen Ausland zur Kur in die DDR. Die Gäste zahlten mit Devisen, die die DDR dringend benötigte. Wie auch bei anderen Leistungen, die das Gesundheitswesen für harte Währung anbot, floss das erwirtschaftete Geld in den DDR-Außenhandel. Die Kollektive in den Kliniken bekamen bei Verkauf von Kuren an ausländische Gäste allenfalls Prämien in DDR-Mark. Vor allem Patienten aus den skandinavischen Ländern zeigten Interesse an einer Kur in der DDR. Sie buchten ihre Reisen über Agenturen in Finnland oder Dänemark. Für westliche Gäste waren die günstigen Preise attraktiv. Der Leistungskatalog umfasste die medizinische Grundversorgung inklusive Standard-Anwendungen und Laborleistungen, die Übernachtungen mit Verpflegung, kulturelle Betreuung, internationale Zeitungen und die Möglichkeit für Auslandstelefonate. Üblicherweise begleiteten Dolmetscher die Kurgruppen.

In den frühen 80er-Jahren wurde die Werbung für Kuren in der DDR im westlichen Ausland intensiviert. Regelmäßig kamen Gruppen aus Finnland und Dänemark in die Kurorte Bad Elster, Bad Brambach, Bad Berka, Bad Liebenstein, Potsdam-Neufahrland und Bad Suderode sowie nach Graal-Müritz und Heiligendamm an der Ostsee. Eine für den Verkauf der Kuren herausgegebene Broschüre »Quellen der Gesundheit« warb zusätzlich zu den medizinischen Leistungen mit kosmetischen Behandlungen, Exkursionen, steuerfreie Westwaren und gehobener Gastronomie, die zusätzlich zu bezahlen waren. Für die Einrichtungen stellten die westlichen Gäste durchaus eine Herausforderung dar. Das Niveau der Kurbetreuung war entsprechend den Verkaufsbedingungen dauerhaft sicherzustellen – insbesondere mussten Heilanwendungen, Trinkkuren und die Diätküche wie angekündigt angeboten werden. Versorgungsengpässe, wie etwa fehlender Treibstoff für Busfahrten, mussten gelöst werden. In den Akten der DDR-Staatssicherheit (MfS) lassen sich etliche weitere Probleme im Zusammenhang mit den Westkontakten der Kureinrichtungen finden. Ärzte kritisierten immer wieder »unliebsame Auseinandersetzungen« mit den westlichen Gästen, die etwa »sehr enttäuscht« waren, wenn sie weniger Moorpackungen oder Unterwassermassagen in Bad Elster bekamen, als vertraglich vereinbart. Regelmäßig wurde rund ein Drittel aller gebuchten Reisen storniert. Andererseits beschwerten sich auch DDR-Gäste über eine bevorzugte Behandlung der Ausländer.

Leitende Ärzte arbeiteten teilweise als Spitzel für das MfS. Sie berichteten, dass skandinavische Gäste wiederholt Alkohol für Devisen verkauften. Einige Mitarbeiter würden die westlichen Gäste um Geld anbetteln. Wiederholt tauchte der Verdacht auf, dass DDR-Bürger bei den westlichen Gästen Geld illegal »zu Vorzugskursen« tauschten. In einer Küche in Bad Elster existierte sogar eine Devisen-Trinkgeldkasse, die am Jahresende an die Mitarbeiter aufgeteilt wurde. Ein finnischer Patient, der in verschiedenen Arbeitsbereichen ohne Genehmigung »herumfotografierte«, sorgte 1978 für einen Eklat.

Der Erfolg des Kurenverkaufs an westliche Gäste blieb insgesamt bescheiden. Die daraus erzielten Einnahmen lagen deutlich hinter anderen devisenbringenden Maßnahmen des DDR-Gesundheitswesens zurück, etwa dem Export von Blutkonserven oder der Durchführung von Medikamententests im Auftrag westlicher Pharmaunternehmen. So ist ein Zitat des langjährigen Gesundheitsministers Ludwig Mecklinger überliefert: »Die DDR war nie ein Bäderland und besaß auch nie den Ehrgeiz eines zu werden.« Ab Mitte der 1980er-Jahre erweiterte die DDR ihr kommerzielles Angebot für zahlende Kurgäste aus dem Westen. Außerhalb der Standardanwendungen konnten Gäste auch eine Sauerstoff-Mehrschritt-Therapie erhalten. Das Verfahren, das von Manfred von Ardenne entwickelt worden war, bestand aus Sauerstoffinhalation, Bewegungstraining, der Gabe von Vitaminpräparaten und medizinischer Begleitung. Abgerechnet wurde nach Stunden zu einem Preis von ca. 28 DM. Der Verkauf der Sauerstoff-Mehrschritt-Therapie war für die DDR ein lukratives Geschäft. So wurde die Behandlung nicht nur in Kureinrichtungen angeboten, sondern auch in einigen Interhotels der DDR. Ende der 1980er-Jahre baute die DDR ein eigenes Kurhotel für Devisenbehandlungen in Dresden. Auch für Bürger der Bundesrepublik und Westberlin waren Kuren in der DDR möglich. Grundlage dafür war das deutsch-deutsche Gesundheitsabkommen von 1974. Allerdings wurden in der Bundesrepublik keine

Bundesarchiv/Hubert Link, Bild 183-F1211-1001-003

Ostseebad Heiligendamm (Kurhaus). Juli 1967.

Gruppenreisen vermittelt. Patienten mussten einen Antrag an das Bundesgesundheitsministerium stellen, das in Abstimmung mit dem DDR-Gesundheitsministerium Aufenthalte vermittelte. Die Privatkuren waren selbst zu zahlen. Eine Preisliste aus dem Jahr 1988 weist Tagespreise für Kuren in der DDR zwischen 36 und 150 DM aus. Eine Broschüre für die Bundesrepublik warb für 3-wöchige Aufenthalte in der DDR: Sie »zeichnen sich durch eine hervorragende Kurbehandlung aus und werden während des ganzen Jahres vermittelt«.

Wikipedia/Jwaller

Bad Sulza, Haus des Gastes im Kurpark. 2008.

Transformation nach 1989

Mit der Friedlichen Revolution 1989 stand das Kur- und Bäderwesen in Ostdeutschland vor einem tiefgreifenden Wandel. Ein über Jahrzehnte zentralistisch organisiertes, staatlich gelenktes System wurde aufgelöst und in das Gesundheits- und Sozialsystem der Bundesrepublik Deutschland überführt. Was in der DDR als sozialpolitische Errungenschaft galt, erwies sich am Vorabend der Wiedervereinigung als schwer angeschlagenes System ohne tragfähige Perspektive. Die politische und ökonomische Instabilität beschleunigte den Zerfall. Die Menschen in den Kurorten befürchteten einen wirtschaftlichen Kollaps. Zur strategischen Ausrichtung der ehemaligen DDR-Kurorte führte die Bundesversicherungsanstalt systematische Standortanalysen durch. Diese offenbarten erhebliche Mängel in Qualität, Ausstattung und medizinischem Standard.

In manchen Kureinrichtungen übernahmen Mitarbeiter der Kliniken oder des DDR-Gesundheitsministeriums über eigene neue Firmen die Geschäfte. Westdeutsche Reha-Unternehmen und andere Investoren buhlten um die Übernahme von Einrichtungen mit dem Versprechen einer umfangreichen Sanierung. Trotzdem kam es in der Folge zu einem drastischen Rückgang der Kuren in den Neuen Ländern. Staatliche Förderprogramme wurden aufgelegt, um Teile des alten Kursystems zu erhalten. Das Forschungsinstitut für Balneologie und Kurortwissenschaft in Bad Elster wurde als Landeseinrichtung Sachsens fortgeführt. Die institutseigene Klinik wurde privatisiert, die Außenstelle in Heiligendamm geschlossen.

Ab Mitte der 1990er-Jahre geriet das Kurwesen zunehmend unter Druck. Die sogenannte Kurkrise von 1996 bis 1998 führte zu einem massiven Rückgang der Nachfrage. Zahlreiche

Häuser mussten schließen oder ihre Ausrichtung ändern. Der traditionelle Kurbetrieb verlor an Bedeutung, während alternative Angebote wie medizinische Wellness oder touristische Gesundheitsformate an Relevanz gewannen. Viele Einrichtungen scheiterten an den Herausforderungen, andere konnten sich erfolgreich neu positionieren. Die Integration in den gesamtdeutschen Gesundheitsmarkt bedeutete letztlich den Übergang von einem staatlich regulierten Versorgungssystem zu einem marktwirtschaftlich geprägten, in dem individuelle Gesundheitsvorsorge, Tourismus und medizinische Prävention neu gewichtet wurden.

Wikipedia/Erwin Meier

Ehemaliges Tuberkulose Sanatorium »Erholung« Sülzhayn. 2023.

Literatur

Eßer, Raingard und Fuchs, Thomas (Hrsg., 2003): Bäder und Kuren in der Aufklärung. Medizinaldiskurs und Freizeitvergnügen. BWV Berliner Wissenschafts-Verlag. Berlin.

Erices, Rainer (2018): The East-West Blood Trade. How the German Democratic Republic obtained foreign currency with blood products (1983–1990). In: Wiener Medizinische Wochenschrift, 15–16, 384–390.

Erices, Rainer (2023): »Offensive der politisch-ideologischen Arbeit« als Rettungsanker? Herausforderungen in der DDR-Gesundheitspolitik der achtziger Jahre. In: K. Haack & E. Kumbier (Hrsg.) Psychiatrie in der DDR III. Weitere Beiträge zur Geschichte. Schriftenreihe zur Medizingeschichte (43–57). Berlin: be:bra.

Langerhan, Conny (2013): Zur Geschichte des Kur- und Bäderwesens in der DDR. Das Beispiel Bad Liebenstein. Dissertation, Medizinische Fakultät Heidelberg der Ruprecht-Karls-Universität.

Lingelbach, Gabriele und Rössel, Raphael (2022): Kuren, Rüsten, Urlaube. Freizeiten behinderter Menschen und ihrer Familien in Ost- und Westdeutschland. In: Zeithistorische Forschungen/Studies in Contemporary History 19, 303–327.

Manow-Borgwardt, Philip (1994): Die Sozialversicherung in der DDR und der BRD, 1945–1990: Über die Fortschrittlichkeit rückschrittlicher Institutionen. In: Politische Vierteljahresschrift, 35 (1), 40–61.

Mecklinger, Ludwig (1998): Zur Umsetzung der Gesundheitspolitik im Gesundheits- und Sozialwesen der DDR. Eigenverlag, Berlin.

Partale, Alexandra (2009): Entwicklung eines Instruments zur Bewertung der (gesundheits-) touristischen Kompetenz von Heilbädern und Kurorten. Dissertation, Universität Trier.

Röhl, Anja (2022) Das Elend der Verschickungskinder. Psychosozial-Verlag, Gießen.

Tietze, Claudia (2010): Gesundheit und Tourismus – Untersuchung der (neuen) Symbiose im 21. Jahrhundert am Beispiel des Gesundheitstourismus im Land Brandenburg. Diplomarbeit, Universität Wien.